LE TRAITÉ

DE COMMERCE

ET LA

LÉGISLATION DOUANIÈRE

PAR

Alph. CEZARD

PARIS

E. DENTU, LIBRAIRE-ÉDITEUR

PALAIS-ROYAL, 13, GALERIE D'ORLÉANS

1860

LE
TRAITÉ DE COMMERCE

ET

LA LÉGISLATION DOUANIÈRE

I

Le traité de commerce récemment conclu avec l'Angleterre, vient de remplacer en France le régim. prohibitif par le régime protecteur. Parmi les modifi cations qu'entraîne ce dernier dans la législation douanière, dont la mise en vigueur était attendue pour le 15 avril, la plus importante peut-être est le retrait total ou partiel des droits de douane sur les matières premières.

Lors de son apparition, le traité de commerce a été salué en Angleterre par les applaudissements enthousiastes des districts manufacturiers et des villes commerciales ; et si, plus tard, quelques expressions de regret ou de mécontentement sont venues troubler ce concert de louanges, c'est aux mauvaises passions de certains politiques et non au merveilleux bon sens de la nation anglaise qu'il faut l'attribuer. En France, le contraire s'est produit. En dehors des éloges intéressés d'une école, ou des suffrages de quelques négociants égarés parmi les économistes, le traité avec l'Angleterre n'a rencontré qu'hésitation, défiance ou même opposition énergique. Serait-ce de notre part erreur ou préjugé? ou bien, ne faudrait-il pas plutôt voir dans cette différence d'attitude entre deux peuples également renommés par leur instinct et leur bon sens, le signe certain de la différence des résultats que produira le traité dans l'un et l'autre pays.

Ce n'est pas aisément, en effet, qu'on peut, en commerce comme en industrie, changer son mode d'opération, substituer aux relations anciennes éprouvées par le temps et par la confiance, des relations nouvelles complétement inconnues, remplacer une organisation industrielle par une autre. A de pareilles révolutions économiques, il faut peut-être plus d'argent et de temps qu'aux révolutions politiques.

La situation est donc grave et mérite sans doute d'être examinée avec la plus sérieuse attention; car, en semblable matière, c'est un devoir pour chacun de dire toute sa pensée et de signaler sincèrement, mais librement, le continuel antagonisme que leur divergence de point de vue maintiendra sans cesse entre le traité de commerce et la législation douanière.

Mais, d'abord, quels sont en France les partisans du traité de commerce?

Au premier rang, nous rencontrons ce qu'on est convenu d'appeler l'école économiste : collection d'esprits remarquables, assurément, mais qui, du moins,

ne sauraient prétendre à aucune illustration dans la
pratique du commerce et de l'industrie. A côté d'eux,
est venue se placer la presse, ou plutôt une certaine
presse, hier encore partisan décidé de la prohibition,
et aujourd'hui subitement convertie au libre-échange ;
enfin, un petit groupe d'industriels, libre-échangistes
de la veille, et tout honteux des bénéfices exagérés auxquels la prohibition les a condamnés jusqu'à ce jour.
Leurs confessions originales et fort bruyantes doivent,
certes, leur mériter l'absolution du parti.

Voilà les partisans du traité de commerce ; voilà
ceux qui, sans entendre les hymnes d'allégresse du
Times et du *Morning Post,* célèbrent chaque jour les
mérites et les splendeurs du futur régime industriel et
commercial de la France.

Mais, de toutes ces nombreuses et bruyantes décla-
mations que les libre-échangistes et leurs journaux
accumulent depuis deux mois, qu'est-il sorti de nouveau, de saisissant, de véritablement décisif ? Pour
exalter à ce point les nouvelles mesures, pour saluer
avec autant d'enthousiasme le nouveau régime, c'est
bien le moins qu'on le justifie et qu'on montre surtout
en quoi l'ancien était si désastreux.

Pour nous, nous le confessons en toute humilité, il
nous a été impossible de recueillir de tant d'écrits
autre chose que beaucoup d'injures, d'accusations aux
industriels d'être des fauteurs de troubles politiques ;
mais de raisons, de faits certains, nous n'en pourrions
citer aucun. Singulière analogie avec la conduite des
révolutionnaires de tous les temps, qui, despotes, absolus, souvent injustes dans leurs attaques, s'accom-

modent facilement aux intérêts qu'ils cherchent à rallier, et se montrent si sévères pour les adversaires de leur principe et si peu scrupuleux sur les moyens de le faire triompher !

Est-ce à dire, cependant, qu'il faille s'opposer à tout progrès ? A Dieu ne plaise ! Mais une triste et longue expérience nous a appris ce qu'il faut penser des promesses des novateurs ; et le libre-échange n'est resté en arrière de personne à cet égard. Pour s'en convaincre, il suffit de rechercher son but, ses moyens d'action, ses promesses et les sympathies qu'il a rencontrées.

II

S'il est admis que la richesse d'une nation prend à la fois son origine autant dans l'industrie qui produit, que dans le commerce qui donne une valeur à cette production, il est évident que le Gouvernement doit à ces deux éléments de sa prospérité une égale sollicitude. Il est tenu de fournir à chacun d'eux, la plus large part de liberté et d'encouragement nécessaires à son développement, mais seulement jusqu'aux limites où cette liberté et cet encouragement donnés à l'un, deviendraient injustice ou oppression pour l'autre. De même, puisque les économistes ont reconnu que le bien-être, dans un pays, n'est que le résultat du double et simultané travail de l'industrie et du commerce, le commerce et l'industrie répandent, dans une égale propor_ tion ce bien-être sur chacun des membres du pays. Ainsi donc, d'après les règles de la saine économie, le Gouvernement en vue de sa prospérité, chaque individu en vue de son bien-être particulier, sont engagés à maintenir ou à créer dans l'intérêt général une loi qui établisse, d'une façon équitable, la limite de la liberté et de l'encouragement à donner à l'industrie autant qu'au commerce : cette loi est indispensable ; car, d'origine différente, d'intérêts souvent opposés, une lutte continuelle existera entre ces deux forces actives ; livrées à elles-mêmes, la plus forte détruira la plus faible ; habilement dirigées, elles s'uniront de leur double puissance pour concourir au bien général.

Le commerce s'est organisé par ses seules forces, le privilége seul a pu donner naissance à l'industrie. Le travail commercial demande une liberté sans bornes ; il peut se déplacer, les ressources offertes à son activité sont immenses. Le travail industriel, au contraire, demande la prohibition la plus absolue. Il est soumis aux chances heureuses ou malheureuses du pays, son activité et son existence se résument à une même production.

Que veut donc le libre-échange? Le but qu'il se propose (son nom l'indique suffisamment) est de provoquer un plus grand nombre d'échanges par une liberté sans limites. Nous voyons bien ici la part des intérêts commerciaux, quant à celle faite aux intérêts industriels, il n'en est pas question.

Une confusion, qui ne peut être que le résultat de l'ignorance ou de la mauvaise foi, l'a conduit à demander pour le commerce et l'industrie à la fois, une loi basée sur les seuls besoins du commerce. Mais nous venons de voir qu'une pareille loi ne pourrait être qu'injuste ou oppressive.

On a fait grand bruit des nombreuses sympathies qu'il s'était acquises dans les villes commerçantes, en tête desquelles il faut ranger le Havre et Bordeaux; mais de pareilles sympathies ne doivent surprendre personne. Quoi de plus naturel, en effet, que sa théorie séduise des villes exclusivement commerçantes, à l'activité desquelles ce système doit ouvrir une plus vaste carrière? Leur adhésion n'est qu'un concours intéressé, obtenu en excitant chez elles le désir de bénéficier aux dépens des intérêts industriels.

La prohibition, cette loi équitable si violemment attaquée, avait pour effet de rendre impossible la lutte entre le commerce et l'industrie ; faisant de son pouvoir le plus généreux usage, elle les avait conciliés, avait donné satisfaction à leurs besoins, ne réclamant pour prix de son égale protection que la noble obligation qu'elle leur imposait de créer la richesse du pays et de répandre le bien-être sur chacun de ses habitants. Pendant près d'un demi-siècle, elle les a forcés à respecter leurs droits mutuels, à marcher d'ensemble vers le même but, les resserrant ainsi par quelques liens devenus tellement puissants, que nous voyons aujourd'hui le commerce, par son attachement à certaines prohibitions, protester contre ses propres réclamations libre-échangistes.

Les commerçants, qui se sont opposés à la prohibition tant que celle-ci ne représentait que la barrière destinée à protéger l'industrie manufacturière contre leur convoitise, trouvent néanmoins fort naturelle la loi qui défend l'industrie des transports maritimes contre la concurrence étrangère, mais ne veulent pas s'arrêter à la pensée que cette loi, si naturelle selon eux, et qu'ils défendent si bien, n'est qu'une conséquence de ce *reste de barbarie* qu'ils appellent la prohibition.

Le Havre, Marseille et Bordeaux, si libre-échangistes, sont pourtant partisans de la prohibition, et d'autant plus injustes dans leurs attaques contre elle, que celle qui protége le pavillon français devrait être abolie tout d'abord pour nous donner les matières premières à plus bas prix par la réduction des frets.

Le *Journal du Havre*, si acharné contre toute l'industrie, devrait se faire le défenseur de la libre navigation ou supporter les réclamations de Marseille, dont le commerce est assez intéressé à voir prospérer l'industrie du raffinage des sucres, pour demander, malgré son opposition à tout privilége, que le rendement pour les sucres à l'exportation soit maintenu à 75 °/₀ au lieu de 80 °/₀, comme le comporte le projet de loi en ce moment soumis au Corps législatif.

Bordeaux, libre-échangiste par excellence, n'admet pourtant pas l'égalité des pavillons. La joie que lui inspire le traité est facile à comprendre, mais se trouve peu en rapport avec ses principes économiques. Il exportera beaucoup en Angleterre, et puisqu'il n'admet pas de *balance du commerce*, quel motif donnera-t-il à cette joie ? Peut-être la pensée de pouvoir, sous peu d'années, supplier le gouvernement d'imposer à la sortie sur les vins une sorte d'échelle mobile pour que la consommation ne souffre pas du privilége que lui fait en ce moment l'Angleterre par l'abaissement des droits d'importation, privilége qui, en *définitive, ne profitera qu'à son industrie vinicole aux dépens de la consommation.*

Il se peut que le libre-échange repousse, comme ses adeptes, les commerçants dont la conduite est en aussi flagrante opposition avec sa théorie; mais alors qui donc partagera complétement ses principes? Sera-ce le *commerçant-armateur?* Nous aimons à croire que jamais pareille prétention ne lui est venue à l'idée. Le commerçant-armateur tient à l'industrie en même temps qu'au commerce. S'il comprend la liberté que réclame son intérêt d'acheter ses navires dans les pays où il peut les avoir à meilleur marché, il ne comprendra certes pas celle que la libre navigation accorderait aux armateurs étrangers de faire concurrence à son industrie de transports maritimes.

Il se peut qu'il ne possède point de navires; mais alors le libre échange lui est d'un si mince intérêt, qu'on ne peut supposer qu'il se fasse spéculateur de fers, de quincaillerie ou de cotonnades, lorsque chacune de ces spéculations représente des sommes si considérables, qu'il serait puéril d'espérer les lui voir mettre au service de la fabrication anglaise pour inonder les marchés français de pareils produits.

En dehors de ces deux catégories de *commerçants spéculateurs* et de commerçants *armateurs,* les premiers, indifférents au libre-échange, les autres partisans de ce système par intérêt, et, par intérêt aussi, partisans de la prohibition, il existe une troisième catégorie entièrement libre-échangiste par intérêt exclusif; elle se compose de commerçants dont le rôle, dans le grand travail commercial, est d'être les intermédiaires, moyennant *commission*, entre la production étrangère et la consommation intérieure. Mais, à bien considérer le mobile de leur conduite, on verra facilement que leur devoir est d'être totalement dévoués aux intérêts de toute production étrangère qui les fait vivre. Leur admiration pour le libre-échange se traduit évidemment en commissions à prendre sur la vente des produits que cette production adressera à la consommation française.

Tel est le libre-échange, tel est son but, telle est la valeur des sympathies qu'il a pu se créer. Afin de faire bien accueillir ses prétentions, il a soigneusement évité de mettre en avant un intérêt particulier. Pour donner une apparence de légitimité aux réformes qu'il demande, pour se présenter au pays avec des dehors de générosité, il a réclamé ces réformes au nom de l'intérêt général et surtout au nom des classes pauvres.

Certes, il est noble et généreux de se dévouer au bien de tous, de chercher à améliorer le sort des classes pauvres ; mais il est aussi bien cruel, pour ne pas dire plus, d'éveiller des désirs, de faire naître des espérances qu'on est convaincu de ne pouvoir réaliser !

III

La prohibition, tout en sauvegardant les intérêts de l'industrie, élargissait souvent le cercle de la liberté commerciale, par le sacrifice d'une des nombreuses divisions du travail industriel ; mais les concessions faites à des intérêts absolus n'ont d'autre résultat que de les rendre encore plus exigeants, aussi le commerce, par l'organe du libre-échange, demande-t-il aujourd'hui le sacrifice total de notre industrie.

Il accuse la prohibition d'être une entrave pour la civilisation, une cause de haine, un germe de discordes continuelles entre les peuples, un privilége injuste, maintenu en faveur de l'industrie et auquel celle-ci n'est si fortement attachée que parce qu'il lui permet d'exploiter le pays et de spéculer sur les besoins des classes pauvres.

Un demi-siècle rempli de faits donne le plus éclatant démenti à de pareilles insinuations auxquelles les détracteurs de la prohibition ne peuvent eux-mêmes pas croire.

En quoi cette prohibition aurait-elle retardé la marche de notre civilisation? En quoi, depuis qu'un homme de génie l'a remise en vigueur, a-t-elle troublé la paix du monde? En quoi l'industrie exploite-t-elle le pays, puisqu'aux dires des économistes, c'est elle qui, de concert avec le commerce, l'enrichit à chaque seconde de son existence? Comment spécule-t-elle sur les besoins des classes laborieuses, puisque c'est à elle seule que les ouvriers sont redevables des bienfaits du travail qui fait leur richesse?

Et si une grande cause telle que celle de la prohibition s'abaissait jamais jusqu'aux récriminations, n'aurait-elle pas beau jeu? Ne pourrait-elle pas reprocher au libre-échange de vouloir, par ses aberrations, nous faire rétrograder jusqu'à la barbarie, en livrant l'existence des plus faibles à la merci des plus forts, d'être lui-même un ferment de discordes? Ne vient-il pas aujourd'hui d'éveiller la cupidité chez une nation voisine, au point de lui faire mettre son amitié, l'entente cordiale entre nous, au prix de clauses additionnelles à un traité qu'elle a cependant librement débattu. Est-ce donc là cette sublime fraternité que le libre-échange doit faire régner sur tous les peuples?

On accuse les industriels de n'être si fortement attachés à la prohibition que parce qu'elle leur constitue un privilége. Belle raison, en vérité! N'est-il pas aussi naturel à l'industrie de tenir au privilége, qui est la condition essentielle de sa vitalité, qu'il est naturel au commerce de désirer s'enrichir à ses dépens, et d'envier continuellement cette part de liberté illimitée dont le sacrifice est nécessaire à l'existence de sa rivale.

A l'apparition du traité, chacun a pu remarquer la joie des libre-échangistes; il ne nous appartient pas de décider s'il sera malheureux pour toute notre industrie, ou si quelques branches industrielles seront seules condamnées à périr. En cela, nous ferons preuve, tout au moins, d'une discrétion que les libre-échangistes et ceux qui ont eu intérêt à l'existence du traité de commerce et d'amitié avec l'Angleterre auraient dû pratiquer. Il nous semble que les meilleurs juges en pareille matière ne peuvent être que les industriels. Car avec tout le talent, le génie même de nos économistes, il nous paraît impossible que leur expérience ait été assez longue non-seulement pour embrasser d'un coup d'œil cette harmonie qui enchaîne dans un seul et même travail les différents travaux de toutes les branches de l'industrie, mais encore pour connaître ce que l'expérience et la pratique peuvent seules apprendre : les besoins et la situation exacte des progrès dans chacune d'elles. Ce qui nous confirme dans notre opinion, c'est que nous voyons continuellement des industriels relever dans les assertions des économistes des erreurs qui, paraîtrait-il, n'auraient d'égales que l'assurance avec laquelle elles sont produites.

Cependant, après avoir épanché leur joie, après avoir célébré ce qu'ils appellent un premier pas vers leur théorie, les libre-échangistes se sont crus obligés de nous raconter les causes curieuses de leur allégresse :

Un droit protecteur de 25 p. 0/0 au maximum, vient d'autoriser la concurrence étrangère ; et notre industrie le méritait parce qu'elle n'était pas à la hauteur des progrès de l'étranger. La prohibition permettait à nos industriels des *bénéfices exorbitants;* aujourd'hui ces bénéfices sont limités à 25 p. 0/0 au-dessus de ceux faits par des concurrents plus avancés que nous. Et dans quel but? Pour nous donner la vie à meilleur marché.

Il est évident qu'en France les établissements qui travaillent à fournir le même produit à la consommation, ne sont pas tous à même de donner les produits de leur fabrication au même prix de revient; cela tient à une foule de causes : en première ligne, à une plus grande fabrication et à un meilleur outillage; mais ces deux causes, qui donnent un prix de revient moins élevé, dépendent du capital dont disposent les chefs de ces établissements; or, il est admis en économie que le capital ne grandit que par l'épargne et que l'épargne ne peut exister qu'autant qu'il y a profit. Ainsi donc, loin de reprocher à la prohibition d'être la cause de ces prétendus bénéfices exorbitants, les libre-échangistes devraient s'en réjouir puisqu'ils peuvent seuls donner les moyens qui permettent de fabriquer plus grandement, d'améliorer l'outillage et, partant, de produire à meilleur marché.

Il existe dans chaque branche d'industrie des degrés de progrès et, par conséquent, de puissance. Le plus puissant établissement fait au plus faible une concurrence que lui facilite un bénéfice déjà acquis par cette différence de prix de revient en sa faveur, bénéfice que les frais de transport diminuent suivant les distances, mais rarement au point de ne pas laisser la concurrence du plus fort envahir le pays qu'occupe le plus faible. Par suite, ce dernier a tout intérêt à se mettre, s'il le peut, dans les mêmes conditions de production que son rival, et s'il persiste à ne pas user des améliorations qui ont permis à la concurrence de réduire ses bénéfices, c'est parce qu'il ne le peut pas et non, comme l'ont prétendu les libre-échangistes, parce qu'il ne le veut pas.

Ce qui est vrai dans les rapports que nous avons signalés dans le progrès des différents établissements industriels français, est nécessairement vrai dans les rapports de progrès existant entre notre industrie en général et l'industrie étrangère.

Si notre prix de revient n'est pas aussi bas que celui de l'Angleterre, il est naturel d'assigner à cette différence les mêmes causes que nous avons signalées plus haut, et non pas le mauvais vouloir de nos fabricants.

Le traité, en frappant les produits anglais d'un droit de 25 0/0, n'assure pas à notre fabrication ce taux de protection ; pour y arriver, il eût fallu établir ces 25 0/0 *ad valorem*, c'est-à-dire sur le prix vénal de nos produits en France au moment de l'importation du produit similaire anglais. Mais passons : la question ne porte pas ici sur le degré de protection qui nous est destiné.

On accordera cependant que le droit protecteur, quel que soit son chiffre, puisse ne pas être toujours suffisant pour nous protéger contre la concurrence étrangère. Ici, nous entendons les colères des libre-échangistes. Ne prétendent-ils pas que beaucoup de nos industriels peuvent lutter à prix égal? mais, ne sont-ils pas en contradiction avec eux-mêmes, puisqu'ils ont reconnu que notre industrie n'est pas à la hauteur du progrès de l'étranger, et que la levée des prohibitions n'a d'autre but que de la forcer à progresser. Accordons-leur que pour quelques industriels la lutte soit possible, mais que leur logique admette aussi qu'il en existera bien quelques-uns qui ne pourront lutter que difficilement, malgré le droit protecteur, et que d'autres enfin succomberont. Pour ceux qui ne pourront lutter que difficilement, on nous répondra qu'une diminution de bénéfices ne sera pas à considérer dans le grand œuvre que le libre-échange veut accomplir. Mais, cette diminution de bénéfices est en opposition avec l'agrandissement du capital qui pourrait les mettre à même de produire à bon marché. Cependant, soyons de bonne composition, et puisqu'il est question d'être généreux, ne le soyons pas à demi, et intéressons-nous au sort réservé à ces chefs d'établissements industriels dont le capital, sous le régime prohibitif, c'est-à-dire *au moment des bénéfices exorbitants*, n'a pas été suffisant pour agrandir leur fabrication, améliorer leur outillage, afin d'éviter le sort précaire auquel les condamnait déjà la réduction de leurs bénéfices par l'effet de la concurrence intérieure. Intéressons-nous à ces ouvriers qui ne vivent que de leur difficile travail, à tous ces entrepreneurs d'industrie enfin, dans les provinces où l'industrie est encore en enfance. Car si le droit de la propriété et le principe du travail ont une valeur dans une nation civilisée, c'est lorsque la propriété et le travail commencent à chasser la misère, c'est alors surtout qu'il est grand et beau de leur donner l'appui et l'encouragement qu'ils réclament.

La surprise est douloureuse pour ceux qui portent un sincère respect à ce droit de propriété et de travail, lorsqu'on leur répond *que toute industrie qui ne peut vivre avec une protection de 25 0/0 est indigne de vivre*. Il se peut que la ruine de quelques intérêts serve la cause du bien général, les libre-échangistes le prétendent. Suivons-les et demandons l'explication de leur grand problème : *Quelques milliers d'individus seront fatalement réduits à la misère dans les premiers moments, mais après quelque temps de privations, le malheur de leur ruine sera compensé avec usure par le bien-être dont ils jouiront. Une existence facile, à bon marché, les rendra reconnaissants envers les libre-échangistes.*

2

Les douceurs promises pour l'avenir peuvent bien consoler des misères du présent ; mais, pour ne point nous exposer à des mécomptes, cherchons à connaître les moyens tant vantés qui doivent nous assurer cette richesse, ce bien-être, en un mot, cette vie à bon marché.

Notre industrie, disent les libre-échangistes, pourra lutter avec l'industrie étrangère ; elle aura les moyens de transport intérieur à meilleur compte et les matières premières dégrevées. Tout d'abord, nous leur répondrons qu'avec le système de la protection modérée, nos produits fabriqués ne pourront lutter avec un droit de 25 0/0, qu'autant que le transport maritime des matières premières, le transport à l'intérieur, toutes les divisions industrielles qui concourent à livrer les éléments nécessaires à la parfaite confection de ce produit, devront ne jouir chacune que de droits protecteurs moindres.

L'expérience le prouve d'une façon irréfutable, et le bon sens suffit pour démontrer que les entrepreneurs de transport et de ces différentes branches de travaux ont un bénéfice à réclamer.

En effet, il est bien rare qu'un produit livré à la consommation, n'ait pas subi plusieurs transformations successives avant d'arriver au travail qui l'aura achevé.

Prenons un produit dans ces conditions, et calculons la protection réservée au fabricant qui doit lui donner cette dernière transformation, en admettant que chacune des autres branches industrielles jouisse du droit protecteur de 25 0/0.

Admettons que la matière première revienne à 100 fr. en France et en Angleterre, que la différence entre la fabrication anglaise et la nôtre soit de 5 0/0 en notre défaveur. Estimons à 30 fr. les frais de fabrication pour chaque travail successif auquel le produit sera soumis, accordons enfin 10 0/0 de bénéfice à l'industriel français et 5 0/0 à l'industriel anglais.

PREMIER TRAVAIL.

Fr. 100 »» matière première.
    30 »» frais de fabrication.
   130 »»
     6 50 5 °/₀ de bénéfice.
   136 50
    34 12 25 °/₀ droits d'importation.
   170 62

Fr. 100 »» matière première en France.
    31 50 frais anglais, plus 5 °/₀.
   131 50
    13 15 10 °/₀ amortissement et intérêts.
   144 65

DEUXIÈME TRAVAIL.

Fr. 136 50 matière du 1ᵉʳ travail
    30 »» frais de fabrication.
   166 50
    8 32 5 °/₀ de bénéfice.
   174 82
    43 70 25 °/₀ droits protecteurs.
   218 52

Fr. 144 65 matière première en France.
    31 50 frais anglais, plus 5 °/₀
   176 15
    17 61 10 °/₀ amortissement et intérêts.
   193 76

TROISIÈME TRAVAIL.

Fr. 174 82 matière première du
        3ᵉ travail.
  30 »» fabrication.

204 82
 10 24 5 °/₀ bénéfice.

215 06
 53 76 25 °/₀ droits d'en-
        trée.

268 82

Fr. 193 76 matière première en
        France.
 31 50 frais anglais, plus
     5 °/₀.

225 26

 22 52 10 °/₀ amortisse-
        ment et intérêts.

247 78

QUATRIÈME TRAVAIL.

Fr. 215 06 matière première du
        4ᵉ travail.
 30 »» frais de fabrication.

245 06 prix de revient.
 61 26 25 °/ᵉ droits protec-
        teurs.

306 32

Fr. 247 78 matière première en
        France.
 31 50 frais anglais, plus
     5 °/ₒ

279 28
 27 92 10 °/₀ amortisse-
        ment et intérêts.

307 20

Dans ce calcul, nous supposons les conditions les plus désavantageuses pour la production anglaise; car nous avons admis que chacune des transformations de la matière première est le fait du travail d'un établissement différent (1). Il est évident que si le dernier indus-

(1) Quatre transformations ne sont pas toujours nécessaires à la matière première pour devenir un produit achevé ; mais un produit achevé et livré à la consommation, quelque simple qu'il soit, par ses transformations successives, par le concours qu'il a dû demander au travail de plusieurs branches industrielles différentes, a dû donner lieu à plus de quatre travaux.

triel qui doit achever le produit se chargeait lui-même
de faire subir à la matière première les quatre transformations que ce produit exige, l'écart déjà en défaveur
de notre industrie sera encore plus désavantageux. En
effet, en retranchant la somme des bénéfices que nous
avons allouée à chacune de ces transformations, nous
arriverons à un prix de revient évidemment plus réduit. On nous objectera qu'en France la position serait
identique ; mais chacun sait que pour réunir dans un
seul et même travail industriel les différents travaux
auxquels cet établissement est obligé de recourir, il faut
avoir des capitaux considérables, et l'on nous accordera
bien que le capital français et le capital anglais ne
peuvent être mis en comparaison. On nous reprochera
peut-être aussi d'avoir calculé le bénéfice de l'industriel
anglais à 5 p. 0/0, tandis que nous avons accordé
10 p. 0/0 à l'industriel français ; la raison en est bien
simple : si le premier est reconnu pour fabriquer deux
ou trois fois autant que le second, 5 p. 0/0 calculés
sur une production triple équivalent largement à
10 p. 0/0 sur une production ordinaire.

Un dernier reproche peut nous être encore adressé :
on nous accusera de ne pas avoir accordé au quatrième
travail anglais le bénéfice de 5 p. 0/0 admis et d'avoir
mis en concurrence avec son simple prix de revient, le
prix de revient de notre produit fabriqué augmenté de
10 p. 0/0. Mais il faudrait avoir une bien mince notion
d'administration industrielle, pour ne pas comprendre
que le fabricant anglais, par le débouché qu'il trouvera
en France, augmentera sa production ; et qu'en augmen-
tant sa production, il réduira ses frais généraux, et que

la réduction des frais généraux constitue toujours un bénéfice. Par conséquent, avec la protection de 25 0/0, établie dans de telles conditions, le produit anglais peut être vendu en France à un prix inférieur au nôtre, et si l'établissement industriel chargé de nous le donner achevé ne peut soutenir la concurrence et qu'il succombe, il entraînera fatalement, dans sa chute, les trois autres.

Il se pourrait encore que le bénéfice du fabricant français fût trouvé exorbitant ; mais il n'existe aucun établissement industriel, sagement dirigé, où le chiffre de 10 0/0 ne soit adopté, se décomposant en 5 0/0 d'amortissement et 5 0/0 pour les intérêts ; et si un industriel ne trouvait pas pour son argent un intérêt de 5 0/0, il ne s'occuperait probablement pas d'industrie, puisque s'occuper d'industrie c'est faire valoir un capital, et si l'intérêt de l'argent qu'il engage ne peut compenser les chances souvent mauvaises auxquelles il s'expose, il est certain qu'il préférerait devenir créancier de l'État à 4 1/2 0/0 ou propriétaire foncier à 2 1/2 0/0 (1).

Enfin la logique libre-échangiste nous répondra que la protection de 25 0/0 ne doit être donnée qu'au produit achevé. Dans cette hypothèse, le quatrième travail jouira seul de la totalité de cette protection. Mais

(1) Il n'est question ici que du fabricant français qui possède à lui l'établissement industriel et qui fait valoir son capital. Dans le cas où il aurait l'immeuble en location et où il serait obligé d'emprunter la somme nécessaire pour faire de l'industrie, il lui faut, en outre des 10 0/0 de notre calcul, un bénéfice. Quel est le bénéfice que les libres-échangistes voudront lui accorder ? Qu'ils ajoutent ce quantum de bénéfices aux 10 0/0 de notre calcul, et qu'ils jugent eux-mêmes de la position faite à ces industriels.

alors, chacun des travaux antérieurs jouira d'une protection moindre, ce qui revient à ce que nous avons dit plus haut. En suivant ainsi cette décroissance de protection, partant de la dernière fabrication pour arriver à la matière première, nous verrons que le premier et le second travail destinés à faire subir à celle-ci les deux premières transformations, ne doivent jouir d'aucune protection, et, par conséquent, être livrés à la libre concurrence anglaise. Mais comme ils ne pourront pas produire à aussi bon marché que le premier et le second travail anglais, il est évident que le dernier travail destiné à donner le produit achevé, ne manquera pas de se fournir en Angleterre du produit transformé, qui lui est nécessaire, et que jusqu'ici il était obligé d'acheter au travail français.

Les libre-échangistes nous répondront qu'un pareil procédé est dans l'ordre naturel des choses ; mais alors, quelle valeur possède donc à leurs yeux cette sublime découverte économique d'Adam Smith, établissant la DIVISION DU TRAVAIL comme la base de la *richesse des nations*.

Les libre-échangistes nous disent encore : « Vous « craignez de voir périr des industries entières, c'est « parce qu'alors vous savez qu'elles pèsent sur le prix « des choses, sur la vie du peuple : d'autres nouvelles « ou anciennes s'élèveront ou s'accroîtront qui occu- « peront les mêmes bras, les mêmes capitaux. »

Nous avouons que si nous sommes effrayés par le libre-échange, c'est parce que nous craignons de voir périr notre industrie, et nous reconnaissons qu'elle ne succombera sous ce régime, uniquement que parce qu'elle pèse sur le prix des choses; mais de ce que notre industrie pèse sur le prix de ses produits, nous ne concluons certes pas qu'elle pèse sur la vie du peuple, car l'expérience prouve le contraire. Combien d'années où le blé se vendait à de hauts prix, pendant lesquelles l'ouvrier, payant le pain fort cher, le trouvait encore meilleur marché que pendant les années où il pouvait le payer à bas prix. Adam Smith nous a assez clairement démontré, que la valeur de l'objet de consommation ne peut être estimée qu'en raison de la valeur du travail que l'ouvrier est obligé de donner en échange de cet objet. Si donc, toute l'industrie en France pèse sur le prix de ses produits, nous nous arrêterons d'abord à mesurer la quantité et la valeur du travail qu'elle donne à l'ouvrier, et non pas au chiffre plus ou moins élevé du produit qu'elle aura fabriqué. Admettons que l'industrie périsse, elle n'aura succombé que parce que ses produits auront été remplacés par des produits étrangers vendus à plus bas prix. Mais l'industrie française représenterait, avant sa chute, une somme de travail; cette somme de travail venant à manquer pèsera alors sur la vie du peuple.

Tout est prévu, nous répondra-t-on, d'autres branches industrielles s'élèveront ou s'accroîtront, qui occuperont les mêmes bras et les mêmes capitaux. Il nous semble bien impossible, en échange d'une perte qui constitue, pour nous, la ruine de notre industrie, de nous contenter de l'espoir de voir s'élever de nouvelles branches industrielles. Le progrès ne nous a-t-il pas mis aujourd'hui en position de tenter tous les différents travaux qui existent chez les autres peuples? Nous ne pouvons donc que supposer l'accroissement probable, chez nous, des branches industrielles qui auront résisté à la concurrence. Dans cette hypothèse, il n'est possible d'espérer que l'accroissement probable de nos deux ou trois différentes productions qui ont réclamé le libre-échange et qui sont représentées par les soieries, les vins, les articles d'industrie parisienne. Nous doutons que ces productions puissent se développer au point d'occuper les capitaux et les ouvriers employés dans les mines, les filatures, les fonderies, les manufactures de glaces, les fabriques de porcelaines, les verreries, les chantiers de navires, etc., etc..., enfin dans toutes ces divisions infinies qui composent notre industrie nationale. Il y aura donc entre le travail, au moment présent, et le travail existant au moment du libre-échange, une différence, en notre défaveur, de capitaux inactifs et d'ouvriers sans emploi. Qu'en ferons-nous alors?

La vie à bon marché : tel est l'avenir que les économistes et les libre-échangistes nous promettent. Les moyens ne nous semblent pas mériter tant d'enthousiasme. Mais accordons encore *que la fin justifie les moyens.* Sur quelle base nos adversaires fondent-ils cette assurance de donner la vie à bon marché? Le public auquel ils s'adressent est-il assez ignorant pour ne pas distinguer le bon marché réel et le bon marché relatif, et que le premier est la preuve du bien-être dans un pays, tandis que l'autre n'est que le signe de la misère? Qu'on demande au bon sens de l'ouvrier, s'il préférera être obligé de payer 3 fr. par jour pour son existence et son entretien avec la condition de gagner 5 fr. ; ou bien de pouvoir vivre avec 1 franc, à la condition de ne gagner que cinquante centimes, et souvent de passer des journées et des semaines entières dans le chômage.

On a encore prétexté l'avantage de la consommation pour les classes ouvrières, c'est-à-dire l'avantage que retirerait chaque ouvrier à payer bon marché ses vêtements, ses aliments, son chauffage, etc., etc., tout ce qui, en un mot, peut être utile et agréable à la vie.

Mais ici nous voyons la plus flagrante contradiction avec le bon sens et la morale. On parle de consommation, mais le bon sens n'a-t-il pas établi qu'avant de consommer, il faut produire, avant d'acheter, même à bas prix, il faut avoir l'argent nécessaire pour acheter, et pour être en possession de la plus petite somme d'argent, il faut, à moins d'être voleur, avoir travaillé. Les plus petits enfants employés dans nos manufactures pourraient l'apprendre aux libre-échangistes.

Adam Smith, le chef de l'école économique, a prouvé que la richesse d'une nation, de chaque individu qui compose cette nation, résidait dans son travail, et que plus abondant était le travail, plus grande était la richesse de la nation et de l'individu. Quelle est donc la source du travail? N'est-ce point l'industrie? Que veut le libre-échange? peu de chose en vérité : donner, malgré nos industriels, l'autorisation à l'Angleterre de tarir cette source de notre travail, et dans quel but? Pour enrichir les ouvriers, pour leur donner la vie à bon marché.

Chacun de nos industriels, dans ses réclamations, est accusé de ne parler qu'au point de vue de son intérêt personnel : il en est même qui, au dire des libre-échangistes, seraient satisfaits de voir les industriels, dont le travail leur est nécessaire, soumis au régime

du libre-échange, pourvu qu'eux seuls fussent protégés
par la probibition, et à prendre ainsi ce que chacun
d'eux demande pour son voisin, nous arriverions au
libre-échange. Encore un reproche, encore une conclu-
sion faite pour blesser le plus vulgaire bon sens. Que
se passe-t-il donc aujourd'hui dans cette grande famille
industrielle, si le libre-échange éveille la cupidité de
quelques-uns de ses membres au point de les porter
à désirer, dans leur intérêt personnel, la ruine de leurs
voisins, nous ne pouvons conclure qu'à leur honte et
à la honte de la théorie qui ne peut produire que de
pareils faits.

Voilà donc, Messieurs les libre-échangistes, votre
but, vos moyens, vos promesses. Ils se résument à blesser le bon sens, la justice et la morale. Votre devise est
de *procurer le plus grand nombre de jouissances, sans
assurer les moyens de les acquérir ; la nôtre est de donner les seuls moyens honnêtes d'acquérir ces jouissances
que vous promettez.* Vous êtes la fiction, nous sommes
la vérité. Vous dites à votre parti : « PRENEZ. » Nous
disons au nôtre : « TRAVAILLEZ. » Nous avons créé la richesse ? Que ferez-vous ! Lisez celui que vous appelez
faussement le chef de votre école, le jugement de votre
triomphe passager, si toutefois vous triomphez, sera
encore indulgent.

« Mais il en serait autrement dans un pays où les
« fonds destinés à faire subsister le travail viendraient
« à décroître sensiblement. Chaque année la demande
« d'ouvriers dans les différentes espèces de travail se-
« rait moindre qu'elle n'aurait été l'année précédente.
« Un grand nombre de ceux qui auraient été élevés

« dans des métiers d'une classe supérieure, ne pou-
« vant plus se procurer d'ouvrage dans leur emploi,
« seraient bien aise d'en trouver dans les classes infé-
« rieures. Les classes les plus basses se trouvant ainsi
« surchargées non-seulement de leurs propres ou-
« vriers, mais encore de ceux qui y reflueraient de
« toutes les autres classes, il s'y établirait une si grande
« concurrence pour le travail, que les salaires seraient
« bornés à la plus chétive et la plus misérable subsis-
« tance de l'ouvrier. Beaucoup d'entre eux, même à de
« si dures conditions, ne pourraient trouver d'occupa-
« tions ; ils seraient réduits à périr de faim, ou bien à
« chercher leur subsistance en mendiant ou en s'aban-
« donnant au crime. La misère, la famine et la morta-
« lité, désoleraient bientôt cette classe, et de là s'éten-
« draient aux classes supérieures jusqu'à ce que le nom-
« bre des habitants du pays se trouvât réduit à ce qui
« pourrait aisément subsister par la quantité de re-
« venus et de capitaux qui y seraient restés, et qui
« auraient échappé à la tyrannie ou à la calamité uni-
« verselle. »

Vous avez parlé d'un 89 du travail, soit ; mais au
moins arrêtez-vous et n'exigez pas un 93 du travail, car
vous y retrouverez cette famine, cette mortalité dont
parle Adam Smith, une nouvelle page de larmes, de
sang peut-être, à ajouter à notre histoire.

IV

Afin de ne pas être accusés de nous être livrés à une supposition gratuite, en signalant un antagonisme continuel destiné à exister entre le système protecteur et la nouvelle législation douanière soumise en ce moment au Corps législatif, nous n'avons qu'à nous reporter au calcul que nous avons fait plus haut. Nous verrons que, si la protection ne peut être donnée qu'à un produit achevé, c'est-à-dire lorsque ce produit aura résumé en lui les différentes parts de travail de chacune des divisions industrielles appelées à le transformer ou à lui prêter leur concours, elle devra être divisée, elle-même, en autant de parts qu'il y aura eu de divisions de travail dans cette fabrication. Mais ces différentes parts de protection seront évidemment inégales ; ainsi, pour le travail de l'avant-dernière division, la protection de 25 °/₀ sera nécessairement amoindrie de toute la valeur du bénéfice exigé par la dernière, et ainsi des autres. Il existera donc une progression de protection dont le terme le plus élevé sera pour le dernier travail et le terme le moins élevé pour le premier ; aussi, comme conséquence du traité, avons-nous le retrait total ou partiel des droits de douane, la réduction des frais de transport sur les canaux, toutes mesures, enfin, prises par le gouvernement pour annuler ou amoindrir les frais qui grèvent la matière première dès son entrée en France, et pour réduire, par le sacrifice d'un revenu de l'État, la plus-value que ce revenu ajoute à la valeur de la matière première, par le fait d'un premier travail de transport.

La législation douanière est nécessairement en opposition avec le nouveau système protecteur, en ce qu'elle donne la protection à la production coloniale de la matière première et à son transport; elle imprime, par conséquent, à la protection, une progression en sens inverse à celle établie par le traité, et, pour être en accord avec lui, son premier soin, il nous semble, devrait être d'autoriser l'achat des matières premières sur les marchés où l'abondance de l'approvisionnement, les fluctuations des prix, pourraient les faire obtenir à meilleur compte, elle devrait s'attacher surtout à faire réduire les frais de leur transport en France.

Le nouveau projet de loi n'admet pas de taxes différentielles pour les produits similaires de nos colonies, mais il frappe ces mêmes produits similaires, venant des colonies étrangères, d'un droit presque prohibitif, il rend le commerce des entrepôts impossible et nous prive des bas frets étrangers, puisque, d'après les nouvelles dispositions, notre marine marchande jouira d'une protection que nous pouvons considérer comme une prohibition.

Si le traité nous met en demeure de lutter avec la concurrence anglaise, la loi élaborée au Corps législatif doit nous donner les moyens, non pas d'attaquer l'industrie anglaise, car la protection qui nous est donnée prouve assez notre faiblesse, mais de nous défendre du moins avec les plus grandes chances de succès. Ces moyens, que nous ne possédons pas, nous ne pouvons mieux faire que de les prendre dans la législation de nos futurs concurrents, car c'est par elle qu'ils ont pu acquérir la puissance de porter aujourd'hui la lutte sur notre propre terrain. Cette législation leur donne la faculté d'acheter aux plus bas prix sur tous les marchés européens ou coloniaux, celle de profiter des frets que chaque pavillon peut offrir au taux le plus réduit.

Par conséquent, l'industrie demandera à nos législateurs d'abolir toute taxe différentielle, d'établir seulement une taxe unique sur chaque produit importé, qu'il provienne de nos colonies, des colonies étrangères ou des entrepôts ; elle demandera, pour les transports maritimes, la libre navigation non-seulement accordée aux navires anglais, mais encore aux navires de toutes les autres nations.

Cependant, de telles mesures ne manqueront certes pas de soulever des plaintes et les réclamations de notre commerce et de nos colonies; aussi la nouvelle législation, dans la question des taxes différentielles et de la protection donnée à notre pavillon, aura à concilier trois grands intérêts opposés : ceux de l'industrie, du commerce et des colonies.

Les rôles sont ici changés. L'industrie devient libre-échangiste et le commerce prohibitionniste.

Nous venons de voir les réclamations que, forte de la position qui lui est faite par le traité, l'industrie présentera au nouveau projet de loi. Le commerce, de son côté, fera valoir que les navires représentent une grande partie de la fortune des négociants, dans les villes maritimes, et demandera la prohibition pour la navigation étrangère, le maintien des taxes différentielles pour les distances, mais sera opposé aux taxes différentielles pour les pays de provenance et à la liberté d'acheter dans les entrepôts. Les colonies demanderont le maintien des taxes différentielles pour les distances et les provenances, s'unissant au commerce pour demander, contre l'industrie, la défense de s'approvisionner dans les entrepôts, mais s'unissant aussi avec l'industrie, contre le commerce, pour faire admettre l'égalité des pavillons.

Si la question des taxes différentielles et de pavillon est appelée à mettre en opposition l'industrie, le commerce et les colonies, celle des sucres mettra en jeu des intérêts encore plus opposés et plus difficiles à satisfaire. La production et le raffinage du sucre indigène d'un côté ; de l'autre, la production, le transport, le raffinage des sucres coloniaux, l'exportation des sucres raffinés, représentent des intérêts beaucoup trop considérables et trop exclusifs pour ne pas exiger de nos législateurs une plus grande part de conciliation et de ménagement.

Dans la nouvelle législation, celui de ces différents intérêts qui est appelé à rendre le plus de services au pays sera probablement le plus considéré, de même que le plus faible sera, sans aucun doute, le mieux protégé.

Dans cette question des sucres, souvent agitée et jamais jugée, pour démontrer qu'une raffinerie de sucre colonial est appelée à rendre au pays plus de services qu'une raffinerie de sucre de betteraves, nous ne ferons pas valoir que l'existence des raffineries de sucres coloniaux intéresse non-seulement les colonies, mais encore toutes les branches industrielles qui, en France, ne vivent que d'un travail d'exportation destiné à ces mêmes colonies ; qu'elle intéresse encore l'État sous le rapport de sa marine, nos commerçants, nos constructeurs de navires, toutes les branches industrielles qui ne vivent que de notre mouvement maritime, les producteurs de toute matière première destinée, après sa transformation industrielle, à donner les produits nécessaires à la construction de nos navires ; car il est évident que plus un travail possède de divisions, plus il est utile. Il importe peu de savoir laquelle des raffineries de sucres indigènes ou des raffineries de sucres coloniaux est la plus utile au pays ; sous le rapport d'équité seulement, il ne suffit que de considérer laquelle des deux est la plus faible ou la plus forte, et les conditions dans lesquelles elles peuvent se trouver.

Ici, nous laisserons la lutte s'établir entre les colonies et les raffineries de sucre indigène, et nous nous contenterons de faire remarquer que toutes deux sont parfaitement d'accord pour demander que le rendement des sucres raffinés à l'exportation soit porté à 85 0/0, rendement qui ne peut être préjudiciable qu'aux raffineries des sucres coloniaux puisque l'exportation est le fait de leur travail. Mais les colonies, après avoir obtenu cette élévation du rendement, demanderont aussi l'abolition du type et prouveront l'utilité d'un sous-type élevé. A ce moment, elles se rencontreront en opposition avec les raffineries indigènes. L'abolition du type et la création d'un sous-type seront nécessairement une question de vie ou de mort pour elles. Leur conduite se réduit donc à s'unir étroitement pour détruire les raffineries de sucres coloniaux, et sitôt la chute de ces dernières accomplie à s'entre-détruire elles-mêmes. Quelles seront les raisons invoquées par les colonies dans leur lutte avec les raffineries de sucres indigènes : absolument les mêmes que celles mises en avant par nos raffineries de sucres de canne, en ajoutant encore l'impossibilité, pour leurs planteurs, de pouvoir produire à aussi bas prix que les sucreries de betteraves.

Résumons donc la question :

La raffinerie des sucres coloniaux ne peut acheter la matière première de son travail à aussi bon marché que la raffinerie de sucres de betteraves, puisque les colonies prétendent que le sucre de cannes coûte plus cher. Le prix du sucre fabriqué est le même, les chemins de fer n'accordent plus de tarifs d'abonnement, donc désavantage pour les premières par un écart moins grand entre le prix du sucre brut et celui du sucre raffiné, désavantage rendu plus sensible encore par l'augmentation des tarifs.

Le *Journal du Havre* prétend que le développement de la consommation augmentera la production des raffineries de sucres coloniaux; mais il est évident que puisque le type est aboli, les sucres bruts iront directement à la consommation, et l'augmentation de débouchés sera tout entière au profit des colonies. Ainsi donc, nos raffineries se trouveront d'un côté dans une position désavantageuse vis-à-vis de leurs rivales ar l'achat des matières premières à un prix plus vé, d'un autre côté vis-à-vis des colonies, par la

concurrence que l'abolition du type permettra à cel-
les-ci de faire à notre travail.

Pourrons-nous du moins diminuer notre prix de revient par une augmentation de production pour l'exportation ? Evidemment non, puisque le rendement
de 75 0/0 ne donnait pas toujours aux raffineries de
Nantes et surtout aux raffineries du Havre, la ressource
d'une exportation régulière.

Nous espérons que nos députés seront moins absolus que le *Journal du Havre.*

V.

Dans le programme du 5 janvier, en partie réalisé
par le traité, si nous sommes effrayés pour l'avenir
de notre industrie, nous ne pouvons qu'être reconnaissants des mesures destinées à donner un immense élan
à notre commerce d'importation. Mais ces mesures fa-
vorables et que nous accueillons avec joie, parce qu'elles ne portent pas atteinte à notre industrie, ne seront-
elles pas entravées par quelques dispositions de la
nouvelle loi que nous attendons avec tant d'anxiété ?
A bien la considérer, nous ne pouvons nous empêcher
de voir en elle quelques contradictions avec le but que
s'est toujours proposé le gouvernement, d'étendre notre
influence maritime et de favoriser notre commerce au
loin. Comme preuve de la politique commerciale de la
France, n'avons-nous pas le traité avec le Japon, les
expéditions de Cochinchine et de Chine ? Ces guerres

finiront vraisemblablement par des traités de commerce. Mais à quoi ces traités pourront-ils nous servir, si, par suite du nouveau projet de loi, nous ne pouvons profiter des ressources que ces pays vont offrir à notre activité commerciale.

Notre ancienne législation douanière, contre laquelle le commerce a élevé des réclamations fondées, n'était mauvaise qu'à cause de l'élévation des droits dont elle frappait les produits à l'importation, rendant ainsi le développement de la consommation difficile ou même impossible.

Son examen nous démontre que les législateurs s'étaient efforcés de favoriser la marine marchande française par la taxe différentielle des pavillons; de réserver, pour la métropole, toute la production des matières premières dans les colonies, par la taxe différentielle des lieux de provenance; d'encourager enfin nos relations commerciales lointaines par la prime qu'elle accordait à nos armateurs, en établissant une taxe différentielle pour les distances.

La protection donnée à notre navigation par le privilège du pavillon, et la prime accordée à nos voyages de long-cours ont porté leurs fruits : la marine marchande a pris un essor considérable, et, depuis quelques années, la France a établi des relations avec les pays les plus éloignés que notre commerce n'avait pas encore visités précédemment. Si le mouvement commercial et maritime de la France n'est pas parvenu à un degré de progrès encore plus grand qu'il n'est aujourd'hui, cela provient de ce que le développement de notre consommation, entravé par le fait de droits exorbitants, ne pouvait progresser en raison de notre activité commerciale et maritime.

La nouvelle loi, par la suppression de la taxe différentielle pour les distances, nuira à nos intérêts commerciaux, outre que l'heureux effet du dégrèvement des droits de douane se ressentira du retard même de sa mise à exécution.

Nous avons signalé les réclamations de l'industrie et rien ne nous semble plus juste qu'elles soient favorablement accueillies. Que le législateur accorde l'achat dans les entrepôts et la libre navigation pour les cotons, laines etc., etc., pour toutes les matières premières de nos travaux industriels destinés à souffrir par suite du traité, chaque armateur en reconnaîtra la nécessité. Quant à nos raffineries elles sont assez protégées pour ne pas craindre la concurrence étrangère et pour être mal venues à réclamer la faculté de tirer leurs sucres des entrepôts et encore moins celle de les importer par navires étrangers.

Outre ces produits destinés à notre travail industriel, il existe une seconde sorte de produits destinés à notre consommation directe et qui jouiront du bénéfice du dégrèvement; quant à ceux-ci il est impossible de mettre en avant une raison valable pour solliciter la faculté de les acheter dans les entrepôts et de les importer par tous les pavillons.

L'intérêt du commerce serait donc de voir les classements de taxe de l'ancienne loi maintenus dans la nouvelle, ces classements ne pourraient nuire en aucune façon ni au trésor ni à la consommation.

Le *Journal du Havre*, qui se fait nous ne savons à

quel titre, l'interprète de nos intérêts commerciaux, réclame au nom du commerce l'abolition des taxes différentielles pour les distances et le maintien de celles qui prohibent l'achat dans les entrepôts. Il semblerait pourtant que l'abolition des taxes différentielles pour les distances devrait logiquement le conduire à ne demander qu'un droit unique pour les produits d'importation, qu'ils aient été tirés des pays au delà, en deçà des caps ou des entrepôts. Pour quel motif prendre aujourd'hui pour base du droit à l'importation, le droit auquel sera soumis le produit acheté en deçà des caps?

Les causes données par ce journal ne peuvent être admises. En effet, par l'abolition de la taxe différentielle pour les distances, il se présentera deux cas différents. Notre commerce des pays au delà des caps pourra succomber ; les ressources de ces pays nous deviendraient donc inutiles. Mais alors, dans quel but en priver nos armateurs, et dans quel but nos expéditions de Cochinchine et de Chine? Il se peut aussi que le retrait de la prime accordée par cette taxe différentielle ne nuise pas à notre développement commercial dans ces contrées. Dans ce cas, il n'est pas compréhensible que la faculté de s'approvisionner dans les entrepôts puisse davantage nuire à notre commerce avec les pays en deçà des caps. Les mêmes motifs qui auront stimulé nos armateurs à continuer leurs relations avec les colonies les plus éloignées, malgré l'abolition de la taxe différentielle des distances, existeront pour le maintien de nos relations avec les colonies les plus rapprochées, malgré l'abolition de la taxe différentielle pour les entrepôts ; car si la taxe différentielle donnée aux produits des premières est une prime accordée à la navigation, celle accordée aux produits des secondes est aussi une prime accordée à la navigation aux dépens du commerce des entrepôts.

Après avoir reproché aux différents gouvernements qui se sont succédé en France, de n'avoir, dans les lois destinées à protéger notre industrie, consulté que les principaux intéressés à son maintien, le *Journal du Havre* vient accuser le Gouvernement actuel de travailler à l'accomplissement d'un rêve impossible.

Ce que le gouvernement se propose, dit-il, c'est de faire de la France le plus vaste marché de sucres, de cafés, de cotons, de laines du continent européen. Voulons-nous, oui ou non, qu'il en soit ainsi fait ?

Quant aux moyens d'y parvenir, le *Journal du Havre* n'est pas en peine de nous les offrir. Dans le commencement de son article, il nous démontre d'abord la nécessité de rendre plus difficile l'existence des différents établissements industriels qui consomment ces produits. Nous demanderons alors à quoi bon ce vaste marché et pour qui cette accumulation de produits.

Enfin, il n'est plus question de notre industrie : ne considérons que la possibilité de réaliser un pareil rêve par le fait de notre commerce.

Nous ne possédons pas de commerce, en ce sens que nous ne dominons sur aucun marché. Lorsque, pour nous servir d'une expression commerciale, les *ordres français sont transmis* sur un marché colonial, ils peuvent bien produire la *hausse;* mais jamais leur absence n'y causera de *baisse.* Les seuls maîtres absolus sur ces marchés sont, à la connaissance de tous, les

Américains, les Anglais, les Hollandais qui, par suite de leur législation commerciale, que nous n'avons pas le temps d'examiner ici, mais que chacun sait être complétement opposée à la nôtre, ont pu se faire les entrepositaires de tous les pays d'Europe.

Notre commerce, dont l'influence est si faible sur les marchés coloniaux, ne peut acheter que lorsqu'il a d'abord demandé l'aide de l'Angleterre ou de la Hollande, qui seules lui donnent les *crédits confirmés* sans lesquels ses *opérations* lui deviendraient impraticables. Nous ne dominons que sur les marchés de l'île de la Réunion, de la Guadeloupe et de la Martinique, par la raison que la loi exclut toute concurrence en prohibant la sortie de leurs produits pour l'étranger, par navires français, autant que par navires étrangers.

Qu'adviendra-t-il donc du retrait de la taxe différentielle pour les lieux de provenance? Dans trois ans, la Réunion se trouvera dans une position désavantageuse pour l'exportation de ses sucres ; car la Havane pourra expédier les produits de ses sucreries sur un pied réel d'égalité avec cette colonie, puisque l'excédant des droits, entre les deux produits, sera compensé, et souvent au delà, par le temps et les frais plus considérables qu'exigera la navigation de la Réunion.

Faut-il dire que, pour le Havre, son principal commerce de sucres n'est pas celui des sucres de l'île de la Réunion? Faut-il ajouter encore que son commerce de cafés n'est que celui des cafés d'Haïti, Rio, etc., tous de provenance en deçà des caps?

Nous ne venons pas ici reprocher au *Journal du Havre* de prendre les intérêts de sa localité; mais la question présente aussi pour nous assez de gravité pour défendre, non pas les intérêts d'une localité, mais les intérêts généraux du commerce qui sont les nôtres.

De ce que la plus grande partie des négociants havrais ont leurs relations avec les pays en deçà des caps, il est naturel que l'organe de leurs intérêts s'efforce d'acquérir pour eux la plus grande somme de priviléges et d'encouragements. Nous sommes trop partisans de la prohibition pour ne pas l'approuver ; mais comme ce privilége ne peut s'établir qu'au prix de pertes considérables pour d'autres intérêts qui réclament aussi de leur côté priviléges et encouragements, nous sommes aussi trop partisans de la justice pour approuver tout ce qui pourrait ressembler à une spoliation.

Cette question de taxes différentielles pour les distances, peut être présentée de deux façons différentes : au nom de la consommation et au nom du commerce. Si les Havrais la présentent au nom de la consommation, pourquoi empêcher celle-ci, en payant un droit unique, de jouir des produits tirés des entrepôts aussi bien que de ceux venus d'au delà des caps. Si nous considérons l'avantage de la navigation, il est évident qu'un voyage de douze mois entraîne plus de frais et de risques, fait subir plus de pertes de temps et d'intérêts d'argent qu'un voyage de trois ou quatre mois.

Le *Journal du Havre* veut bien que les taxes différentielles pour les distances soient abolies, mais il s'oppose à l'abolition de la taxe différentielle pour les entrepôts ; et, comme l'anomalie mérite une explication, il nous dira : *Qu'il consent bien qu'il s'établisse*

*un courant d'importations le plus abondants possible,
mais à la condition, bien entendu, que ce courant
d'importations s'établisse au profit de la France.* Mais
ici son explication manque, parce qu'elle est impossible. Malgré sa bonne volonté d'établir un *courant
d'importations* et de faire de la France le plus vaste
marché des produits sur le continent, il doit bien savoir que, tant que nous n'exporterons pas dans les
colonies, nous n'importerons pas, et que nous n'aurons
jamais une grande importation que lorsque la somme
de nos exportations, devenue plus considérable que nos
importations, nous permettra *d'ouvrir*, à notre tour,
des *crédits confirmés.* Une institution de crédit ou de
banque coloniale peut faciliter nos importations, en
nous empêchant de recourir à l'Angleterre et à la
Hollande pour les *crédits confirmés,* mais ne nous
conduira jamais à importer plus que n'exigera notre
consommation. Comment, avec les moyens d'action
aussi faibles que ceux dont dispose notre commerce,
supposer un seul instant la possibilité de diriger le courant des exportations de colonies, où notre influence
commerciale est *presque nulle !*

On a parlé de pertes pour le Trésor. Le retrait des
taxes différentielles pour les distances anéantira, ou
tout au moins restreindra notre mouvement commercial et maritime avec les pays au delà des caps. Dans
le premier cas, le dommage serait incalculable : le
Trésor ne souffrira pas seul par l'absence d'une partie
de ses revenus, l'État et le pays verront, l'un dispa-
raître ses marins, et l'autre diminuer son travail. Dans
le second cas, de pareilles pertes, pour être moins gran-

des, en seront-elles moins sensibles? l'augmentation
de la consommation nous viendra-t-elle en aide? Il
est certain que les armateurs n'enverront leurs navires dans ces pays que lorsqu'ils trouveront bénéfice à
le faire, et ce bénéfice n'existera pour eux qu'au moment où l'augmentation de la consommation en France
sera devenue assez considérable pour faire hausser les
prix des produits dans les colonies en deçà des caps, de
toute la valeur de la prime actuellement retirée aux
autres. Il reste à savoir si cette hausse proviendra de
notre consommation en France ou d'une élévation de
prix dans les pays de production, provoquée par nos
ordres d'achat. Si cette hausse provient du fait de la
consommation, celle-ci s'étendra-t-elle assez pour accueillir sans une baisse l'importation des produits
d'au delà des caps. D'un autre côté, si cette augmentation de prix provient de la hausse, dans les pays
de production, occasionnée par une demande progres-
sivement plus abondante, notre consommation ne s'ac-
croîtra plus et notre commerce au delà des caps aura
succombé inutilement par l'abandon momentané de
nos relations. A quoi bon alors faire profiter des colo-
nies qui nous sont étrangères aux dépens de notre commerce, de nos colonies et de notre marine, pour un
bénéfice momentané accordé à la consommation ?

Pour ne citer qu'un exemple, prenons les ventes
régulières qui se font au Havre pour un produit similaire de provenance différente, le café. Nous voyons
les prix entre lesquels l'ancienne législation douanière
établissait un écart de 12 fr. se niveler par le fait de la
spéculation ; mais ce nivellement ne provient pas de la

baisse du prix le plus élevé, mais bien de la hausse du prix le plus bas. Avant le dégrèvement nous voyons :

Cafés Haïti.			Cafés des détroits de la Sonde.		
Valeur en entrepôt . .	65	» »	Valeur en entrepôt . .	87	20
Droits.	57	» »	Droits.	46	80
Payés par la consommation	122	» »	Prix de la consommation.	134	» »

Sitôt le dégrèvement annoncé pour le 15 avril, la spéculation a changé les cours, ainsi que le montrent les prix actuels :

Cafés Haïti.			Cafés des détroits.		
Valeur en entrepôt . .	81	» »	Valeur actuelle en ent.	87	20
Droits nouveaux . . .	25	» »	Droits nouveaux. . . .	25	» »
	106	» »		112	20

L'écart, sous l'ancienne législation, entre ces deux cafés, était de 12 fr., mais les prix de 122 fr. et de 134 fr. n'avaient pas été établis par le fait des droits, mais bien par l'accord consenti entre le consommateur et l'importateur, d'établir une différence de 12 fr., sans laquelle il ne peut exister un bénéfice pour ce dernier. La nouvelle législation réduit aujourd'hui cet écart de 12 fr. à 6 fr. 20 c., en retirant, par l'abolition de la taxe différentielle des provenances, la prime de 5 fr. 80 c., accordée à la navigation d'au delà des caps. Il est donc nécessaire d'ajouter au prix de 112 fr. 20 c., qui représente actuellement le cours des cafés des détroits de la Sonde, une valeur de 5 fr. 80 c., pour que l'armateur puisse continuer à importer sans pertes. Les prix actuels, au lieu d'être, en vue du nouveau dégrèvement, 112 fr. 20 c. pour les détroits de la Sonde, devraient être de 118 fr. ; et cependant, il n'en est pas ainsi.

On nous répondra que la hausse de 6 fr. sur la valeur des cafés Haïti en entrepôt, provient du fait de la spéculation, et que celle-ci seule a réduit à 6 fr. 20 c. l'ancien écart de 12 fr. Pourquoi donc ne se serait-elle pas aussi portée sur les cafés des détroits de la Sonde ? N'est-ce pas parce qu'elle reconnaît la lutte impossible pour ceux-ci.

Il est donc bien clair que, sans la taxe différentielle, l'importation des cafés d'au delà des caps est impossible, et cette impossibilité devient plus évidente encore pour les produits des mers de Chine.

Ainsi, malgré les prétentions du *Journal du Havre*, nous ne pouvons rien trouver d'injuste dans le maintien des taxes différentielles pour les distances. Nous les considérons, au contraire, comme la conséquence inévitable de la sollicitude impériale, qui vient d'ouvrir à nos relations commerciales trois pays nouveaux. Nous les croyons indispensables à notre prépondérance commerciale dans les pays les plus reculés, utiles au développement de notre marine, exigées par les besoins de la consommation.

VI

Nous aurions voulu éviter toute allusion au traité ; mais les libre-échangistes l'ayant proclamé comme un premier pas vers la complète adoption de leur système économique, nous sommes amenés à reconnaître que la nouvelle législation rend possible la réalisation de leurs désirs.

Partisans sincères de la prohibition, nous la regrettons comme la base indispensable de la prospérité de notre pays ; indépendants par la position que nous ne devons qu'à notre travail, nous avons franchement exprimé la crainte de voir le système protecteur dégénérer en libre-échange, sans chercher à satisfaire un plaisir de mesquine opposition, en signalant le désaccord destiné à régner entre le traité et la nouvelle législation douanière.

Une révolution importante, et dont les résultats peuvent être immenses, vient de s'accomplir dans notre système d'économie commerciale et industrielle.

Le traité avec l'Angleterre établit, pour l'industrie, une nouvelle loi qu'elle ne peut espérer voir modifier. Des regrets, nous l'avons dit, nous paraissent désormais superflus. Quelques industriels priveront la France de leur activité et de leurs capitaux, mais d'autres se prépareront courageusement à la lutte, et la France leur doit toute sa sollicitude.

Les nouvelles dispositions douanières qui doivent

former la loi préparée en ce moment pour notre commerce seul, peuvent encore facilement être appropriées à notre commerce et à notre industrie à la fois. Et nous regretterions que l'influence de quelques journaux, entièrement étrangers à la connaissance de nos grands intérêts, puisse compter pour quelque valeur et entraîner l'adoption de mesures contraires aux droits de notre industrie et à l'agrandissement de notre commerce.

A tort ou à raison, la conviction générale était que la nouvelle législation douanière devait être mise en vigueur au 15 avril. Notre industrie et notre commerce languissent et ne se relèveront que du jour où le dégrèvement des droits de douane aura lieu.

La lutte qui s'est établie entre la consommation et la production, et qui n'est que l'effet du dégrèvement, les uns disent promis, les autres espéré ces jours derniers, deviendra chaque jour plus intense et plus dangereuse.

Aurons-nous donc tort de demander aujourd'hui que le législateur fixe le terme d'un pareil état de choses? Le danger est prochain et doit justement alarmer ; car toute lutte entre la consommation et la production aboutit à une crise.

Nantes, 15 avril.

Paris.—Imprimerie de L. Tinterlin et Cᵉ, rue Neuve-des-Bons-Enfants, 3.

www.ingramcontent.com/pod-product-compliance
Lightning Source LLC
Chambersburg PA
CBHW071752200326
41520CB00013BA/3223